Extrait du *Congrès du Millénaire normand.*

La Charte aux Normands

Notes historiques et bibliographiques

Par P. LE VERDIER

ROUEN

IMPRIMERIE LÉON GY, 5, RUE DES BASNAGE

1911

Extrait du *Congrès du Millénaire normand.*

La Charte aux Normands

Notes historiques et bibliographiques

Par P. LE VERDIER

ROUEN

IMPRIMERIE LÉON GY, 5, RUE DES BASNAGE

—

1911

LA CHARTE AUX NORMANDS

Notes historiques et bibliographiques

Un auteur écrivait en 1788 : « Ce titre fameux, appelé vulgairement la Charte aux Normands, est plus cité que connu » (1). Que dirait-on aujourd'hui ? Et pourtant, jusqu'en 1789, pas une lettre patente, pas une ordonnance, un édit, d'un mot pas un acte de la puissance royale susceptible d'être publié en Normandie n'a manqué de se terminer par la formule traditionnelle, « nonobstant tous édits, déclarations, arrêts, règlements, clameur de haro, *charte normande*, et autres lettres à ce contraire ». Donc jusqu'à la fin la volonté royale prétendit être obéie sans que la Charte normande lui fît obstacle. Cependant elle n'était plus guère qu'un fantôme, qu'une ombre de charte, cette charte célèbre ; Froland la décrit ainsi : « En l'état où elle est, je ne puis m'empêcher de la comparer à ces vieils drapeaux de régiment, qui par leur vétusté et la multiplicité des attaques et des coups qu'on leur a portés dans les combats où ils ont paru sont en morceaux et tellement défigurés qu'il n'y reste aucun vestige de leur premier éclat, et qu'il n'y paraît que ce que la vétusté et la vieillesse rendent ordinairement respectable à tous les hommes » (2). Les chancelleries ne se laissent pas guider habituellement par de simples raisons de sentiment : c'est donc qu'abolie en fait, la Charte subsistait toujours comme loi existante, et, jusqu'à la Révolution même, le Roi crut nécessaire de l'évoquer, mais pour l'effacer au cas où elle aurait pu produire encore quelque effet.

Ainsi de la Charte le nom au moins subsistait, traditionnellement cité et encore populaire. Depuis cent vingt ans, sa notoriété apparemment ne s'est pas accrue, et je crois bien qu'aujourd'hui elle n'est guère connue que dans le cercle étroit des archéologues. Combien même parmi eux sont allés la lire ? Je ne veux pas provoquer de confessions parmi ceux qui me font l'honneur de m'entendre ; la mienne suffira. Eh ! bien, oui, j'avais généralement tourné le feuillet, quand j'ouvrais ma Coutume, et la Charte ne m'était qu'une de ces connaissances qu'on salue sans les fréquenter.

(1) *Charte aux Normands, avec ses confirmations.* A Caen, de l'impr. de G. Le Roy, 1788, in-8, 50 p.

(2) *Recueil d'arrêts de règlement*, ch. VIII.

A l'approche de ce millième anniversaire normand, j'ai voulu, c'était justice, rendre visite à cette ancêtre, et j'ai pensé que, sans faire une étude savante, je pourrais rendre compte de mon entrevue, et que mon récit pourrait offrir un peu d'intérêt.

Je n'ai pas laissé que d'éprouver, je l'avoue, quelque déception, je dirai tout à l'heure pourquoi. Mais auparavant il y a lieu de donner l'état-civil, pour ainsi dire, du document et de faire connaître les confirmations dont il a été l'objet.

Et d'abord il y eut deux Chartes aux Normands. La première fut octroyée par Louis le Hutin, à Vincennes, le 19 mars 1314. Elle est rapportée dans les *Ordonnances des rois de France*, de Laurière (1), qui dit l'avoir recueillie dans un manuscrit de l'abbaye de Jumièges, vieux de trois cents ans, datant par conséquent du commencement du xve siècle. Cette Charte n'a que quatorze articles. On la reconnut tout de suite insuffisante, et le même Louis X la remplaça par une nouvelle ordonnance, en vingt-quatre articles, à Vincennes, le 22 juillet 1315. C'est la Charte définitive, celle qui a retenu le nom, la *Charte aux Normands*.

Laurière en donne également le texte, ou, pour mieux dire, le double texte, l'un en latin, l'autre en français. Il a recueilli l'ordonnance latine au Trésor des Chartes et aux Mémoriaux de la Chambre des Comptes; mais il ne fait pas connaître l'origine de la traduction française, d'ailleurs très postérieure à la promulgation. Une seule différence à noter entre les deux versions : le septième article du texte latin, *Quod de cetero per nos aut nostros successores*, est rejeté au vingt-deuxième rang dans la traduction, *Doresnavant par nous ou par nos successeurs*. Pour tout le reste l'ordre est le même.

La Charte ne fut pas spontanée. Louis X avait reçu les plaintes de ses sujets normands, *gravem querimoniam*; le désordre et les abus s'étaient introduits partout depuis le temps de saint Louis, *multa gravamina, præjudicia infinita*. La Charte devait y porter remède.

Mais les Chartes ne font pas disparaître les maux. Philippe de Valois reçut les mêmes plaintes de son peuple, *gravamina, oppressiones et novitates... contra franchisias, libertates et usus...* Pour y mettre fin, il confirma la Charte de Louis X (mars 1339) (2). A son avènement, Charles VI en fit autant (25 janvier 1380). Mêmes plaintes au temps de Charles VII :

(1) Tome I.

(2) C'est la date véritable, inscrite dans l'arrêt d'enregistrement par le Parlement de Rouen du 5 mai 1579. Mais on lit celle de 1329 dans les éditions de la Coutume de Le Mesgissier, dans Bérault, dans Basnage, qui se sont copiés. La véritable date a été rétablie dans la Coutume de Bérault, Godefroy et Daviron, de 1776, chez Le Boucher, à Rouen.

Quamplurima damna, gravamina atque novitates inferuntur contra teno-
rem dictorum privilegiorum atque libertatum et in totalem deroga-
tionem chartæ vulgariter nuncupatæ la Charte aux Normands, et la
Charte fut encore confirmée (avril 1458). Enfin trois ans après, Louis XI
renouvela les mêmes promesses (janvier 1461), et son ordonnance fut
enregistrée à l'Echiquier de Normandie à Pâques 1462.

Au fur et à mesure que la Charte était confirmée, elle s'allongeait en
tête et en queue du préambule et des formules finales de chaque déclara-
tion. Au nouveau souverain, en effet, était présentée la Charte même de
son prédécesseur, et, de vidimus en vidimus, le document s'enrichissait
des confirmations et promesses, quelquefois des concessions addition-
nelles (1) de chaque règne. C'est ordinairement sous le vidimus confirmatif
de Louis XI, encadrant ceux de Charles VII, Charles VI et Philippe VI,
que le document se présente (2). C'est ainsi que la Charte normande fut
soumise à Henri III.

Les Etats de Normandie, réunis à Rouen au mois de novembre 1578,
avaient inséré dans le cahier de leurs remontrances deux articles où ils se
plaignaient que *les privilèges dudict pays et Charte normande ont esté*
infirmez et viollez par une infinité de commissaires estrangers qui
affluent de toutes parts audict pays; les députés gémissaient encore *des*
évocations octroyez à tous propos, et enfin *des levées des deniers en plus*
avant que ce qui a esté demandé et accordé ausditz Estats, contrairement
au droit de la Charte. Et le roi avait répondu comme toujours par de
bonnes promesses, *ayant volunté de leur maintenir leurs dictz privileges*
et semblablement ladite Charte normande, sur laquelle néantmoins,
ajoutait-on, *S. M. désire estre auparavant bien particullierement informée*
par les gens de sa Court de Parlement (3).

Apparemment l'avis du Parlement fut favorable aux Normands, puisque
de nouveau la confirmation fut concédée au mois d'avril 1579 et enregistrée au Parlement de Rouen le 5 mai suivant.

Enfin, et ce ne fut pas la moins remarquable des consécrations dont elle
fut l'objet, la Charte fut solennellement incorporée au droit de la province,
lorsque s'opéra la célèbre réforme et révision de notre Coutume en
1583-1585. Au moment où ils allaient clore cette session mémorable, les

---

(1) Voir la Charte de Charles VII.

(2) La Charte aux Normands fut encore confirmée par Charles VIII, au mois de
mai 1485, avec nouvel enregistrement à l'Echiquier, mais, on ne voit pour quelle cause,
la confirmation d'Henri III ne l'a pas mentionnée, ni par suite aucune des impressions
qui furent faites dans la suite.

(3) *Articles de remonstrances faictes en la convention des troys Estats de Normandye,*
tenue à Rouen le quinziesme iour de novembre et autres iours ensuyvans mil cinq cens
soixante et dix huict, etc. Rouen, Le Mesgissier, 1579.

Etats de la province, réunis pour entendre la lecture et la publication de leur nouveau code coutumier, requirent par la voix de leur procureur les commissaires du Roi députés pour la rédaction, que la Charte fut *insérée en la fin du cahier de la Coutume*, et ce fut fait. La Charte donc devenait, et au nom du Roi, un chapitre de la loi du pays.

Ces multiples confirmations et enregistrements montrent l'importance que le peuple normand attribuait à la charte de ses droits et libertés ; peut-être pourrait-on dire que cette multiplicité témoigne aussi que, pour être souvent renouvelée, la Charte n'en était pas plus obéie ; c'est vrai. Mais on reconnaîtra pourtant qu'on n'en trouverait guère qui ait été mieux et plus souvent validée, légalisée et authentiquée.

*
* *

Une loi d'une pareille valeur, charte primordiale de la province, ne manquait pas, on le pense bien, d'être réunie aux copies manuscrites du Coutumier dont usaient les juristes. Il en fut de même après l'invention de l'imprimerie.

Le plus vieil imprimé où l'on rencontre la Charte aux Normands, c'est en même temps le premier imprimé connu qui soit sorti d'une presse rouennaise, le célèbre *Coutumier de Normandie* de 1483. Mais, chose étrange, ce n'est point le texte latin, seul original et authentique, c'est la version française, celle que nous retrouverons plus tard dans Laurière, fidèle assurément, mais postérieure à l'événement, semble-t-il, d'un bon siècle, et dépourvue de valeur légale. La raison m'en paraît être que le Coutumier latin, *Jura et Consutudines*, ayant dans la pratique cédé la place à sa traduction le *Grand Coutumier*, la langue française s'imposait aussi pour la Charte.

Celle-ci demeure du reste inséparable du Coutumier : je la trouve réunie avec lui, et toujours en français, dans toutes les éditions gothiques de notre Coutume que j'ai pu consulter : celle imprimée à Caen par Laurent Hostingue pour Michel Angier (1510); celle imprimée pour le même par Jean Richard, à Rouen, vers 1515; celle de Guillaume Gaullemier, à Rouen, pour Robinet Macé, s. d.; celle qui parut, s. l. n. d., en un petit in-12, sous le titre *Drois et establissemens de Normandie;* celle de François Regnault, à Paris, avec le commentaire de Guillaume Le Rouillé (1534), et enfin celle de Rouen, par Nicolas Le Roux, avec le même commentaire (1539), la dernière des éditions gothiques (1).

Quand l'imprimerie se modernise, Le Mesgissier, qui se fait à Rouen une spécialité des publications savantes, imprime à nouveau le Coutumier

---

(1) Toutes ces éditions, citées par Frère, se trouvent à la Bibliothèque de Rouen, à l'exception de la dernière.

en 1552 et 1578, et il continue à lui annexer la version française de la Charte.

Dans toutes ces éditions, même dans celle que donnera Laurière, le texte français est le même, à un très petit nombre de variantes près, insignifiantes; dans Le Mesgissier on peut noter en plus quelques incorrections.

Il y a lieu de remarquer encore que, dans toutes les impressions qui viennent d'être signalées, la Charte est datée de mars 1314 à Vincennes, comme la première ordonnance de Louis X, quoiqu'elle donne bien le texte de la seconde, celle aux vingt-quatre articles, de juillet 1315. C'est évidemment un interversion de dates, et la faute, commise par l'imprimeur anonyme du Coutumier de 1483, a été renouvelée par les éditeurs successifs, qui ne se faisaient pas faute de se copier.

Après la réforme de la Coutume, en 1585, un changement s'opère dans les éditions de la Charte : les imprimeurs abandonnent la version française, et insèrent dans leurs livres le vieux texte latin original, en lui restituant d'ailleurs sa bonne date de 1315. C'est qu'en effet par son annexion officielle au Coutumier, par l'espèce de promulgation nouvelle qui en est résultée, ce texte latin est devenu, est redevenu plutôt le seul authentique.

On innova encore. Alors que les éditions gothiques ne donnaient que l'ordonnance pure et simple de Louis X, ce qu'on imprime maintenant c'est ce que les Etats ont enregistré, le vidimus de Louis XI, c'est-à-dire la Charte originale accompagnée de toutes ses confirmations, celles de Philippe de Valois, de Charles VI, de Charles VII, de Louis XI, et suivie encore de celle de Henri III avec l'arrêt d'enregistrement au Parlement de Rouen en 1579.

C'est donc avec ce lourd appareil de vidimus et renouvellements successifs que l'on trouvera la Charte imprimée dans les nouvelles éditions de la Coutume, soit dans les beaux in-4° de la fin du xvie siècle des Le Mesgissiers, Mallard, du Petit-Val, soit dans les volumes de poche du commencement du xviie siècle (1).

Les commentateurs, Bérault, Godefroy, Basnage feront de même. Tous en effet donneront une place dans leurs in-folio à la Charte et à ses confirmations, quoique peut-être ils l'aient recueillie plus comme un objet de curiosité, un monument historique, subsistant en droit et non aboli, que comme un instrument de travail (2).

Il est vrai, en effet, que le document ne présentait plus aucune utilité pratique. Au temps où il aurait pu avoir quelque efficacité, les rois n'avaient

(1) Par exemple, Rouen, Le Mesgissier, 1605, in-24; Caen, Jacques Brenouzet, 1597, in-32, etc.

(2) Terrien n'a pas reproduit *in extenso* la Charte aux Normands; mais, *passim*, suivant les divisions de son commentaire, il en insère quelques articles dans son texte, sur lesquels il glose. (*Comment. du droit civil*, Rouen, 1654.)

cessé de le violer. Maintenant les changements opérés dans les mœurs, l'administration nouvelle, les ordonnances royales l'avaient rendu sans objet. La Charte demeure bien dans la mémoire des Normands comme une tradition respectable, mais les gens de justice, les avocats n'y ont plus aucun égard; les Etats n'existent plus, et seul le Parlement, dans ses remontrances, s'en autorise quelquefois.

Le temps vient où l'on ne prendra plus la peine d'insérer la Charte dans les éditions de la Coutume; on ne la trouvera plus en effet dans les multiples imprimés de Viret, Besongne, Oursel et autres. Même les derniers commentateurs de notre droit normand, Pesnelle, Merville, La Tournerie, Ducastel n'en font aucune mention. Seul Froland accorde un rapide examen à quelques-unes de ses dispositions, mais c'est surtout pour en montrer l'abrogation par désuétude (1).

On se remet tout de même à penser à notre Charte en 1771. C'est le moment du coup d'Etat Maupeou : le Parlement est exilé, le Parlement, qui, dans l'esprit du peuple, est son seul représentant et le seul défenseur des libertés publiques. Or, au milieu de la multitude d'écrits auxquels donne lieu cet événement, je distingue celui-ci : *Titres de la province de Normandie, ou Charte aux Normands* (2). Après une dédicace à la municipalité rouennaise et un rappel de la constitution de l'Echiquier, l'auteur donne une traduction de la Charte avec ses vidimus au complet, suivant la confirmation de Louis XI, à laquelle il s'arrête. Cette fois, la version française est toute nouvelle; elle est l'œuvre de l'abbé Saas, l'érudit chanoine de Rouen, quoique non signée. Il ne semble pas que ce rappel de l'antique document ait eu un bien grand retentissement.

On se souvint encore de la Charte en 1788. Alors en effet on ne rêve que droits et constitutions politiques, et l'on recherche avec avidité tous les documents qui peuvent intéresser la tenue des Etats généraux, les droits de la province, l'histoire de ses institutions. Une nouvelle édition parut à Caen (3), française encore, comme tout à l'heure. C'est la même version, due à l'abbé Saas. L'éditeur anonyme (4) donne même à sa publication une tournure toute moderne : tandis, en effet, que l'abbé Saas a tout tra-

(1) *Recueil d'arrêts de règlement*, Rouen, 1740, au chap. VIII. Je n'oublie pas que l'édition du commentaire collectif de Bérault, Godefroy et Daviron, en 1776, reproduit nos textes, mais c'est la réimpression d'ouvrages du xvie ou du début du xviie siècle. Il en faut dire autant de la nouvelle édition de Basnage en 1778.

(2) *Absque nota*, in-12, 37 p.

(3) *Ouvr. cité*, supra, p. 473.

(4) Dans son *Avertissement*, cet éditeur distingue deux traductions françaises de la Charte antérieures à celle de l'abbé Saas, celle que Laurière a donnée dans sa collection des *Ordonnances*, et celle qui est imprimée dans les anciennes éditions du Coutumier, qu'il rapporte au temps de Louis XI. Il ne s'est pas aperçu que les deux traductions ne sont qu'une seule et même.

duit, charte et confirmations, en suivant l'ordre enchevêtré et traditionnel des vidimus, l'éditeur, qui veut faire œuvre de vulgarisation, découpe en tranches les vidimus pour les distinguer, et, au lieu de chartes qui chevauchent les unes sur les autres à mesure qu'elles se vidiment, l'opuscule donne séparément, à la suite les unes des autres, en observant l'ordre chronologique, et en français, la Charte initiale de Louis X, et celles des rois ses successeurs jusques et y compris Henri III, et l'arrêt du Parlement.

*
* *

A considérer toutes les manifestations dont la Charte aux Normands fut l'objet du xive au xvie siècle, on croirait qu'elle dut être un contrat politique d'une haute valeur. Or, il faut bien avouer qu'à ce point de vue, sa lecture cause quelque surprise, et que, quelque graves que puissent être les stipulations qui s'y rencontrent, elle est loin d'avoir la valeur d'une constitution nationale.

Je n'ai pas du reste la prétention de faire ici une étude de la Charte : ce serait un beau sujet de thèse que je recommande aux jeunes docteurs ; je voudrais seulement, puisque ses dispositions sont peu connues, en faire une rapide revue.

Les principes qu'elle énonce et les immunités qu'elle promet concernent la propriété, les monnaies, les levées d'impôts, la justice, le service militaire, non pas qu'il faille s'attendre à trouver en chacune de ces matières un code des droits et obligations, mais seulement quelques règles fondamentales.

C'est le droit de propriété qui est le plus longuement traité ; parmi les vingt-quatre articles ou paragraphes de la Charte, dix au moins l'intéressent.

Le principe inscrit dans les articles que Laurière numérote 5 et 6 est d'une haute importance ; il se résume ainsi : Si le Roi revendiquant un droit de propriété ou de redevance se voit opposer une possession contraire, justifiée, et d'une durée d'un an et un jour, l'on passera outre au jugement du fond, sur la propriété, d'après les règles de la Coutume, et, ce pendant, le possesseur restera en possession. Si la possession annale est douteuse, le Roi, en qualité de souverain, sera saisi de la chose revendiquée pendant l'instance, et, si le droit de propriété est ensuite jugé contre lui, il opèrera la restitution.

Ces déclarations ne sont rien moins que la reconnaissance du droit de propriété en Normandie et l'engagement du Roi de le respecter. Si c'est du Roi qu'émane toute justice, on a soutenu aussi que c'est de lui qu'émane toute propriété, qu'au souverain appartient la propriété éminente, que le propriétaire privatif ne possède que par sa délégation. Au xviiie siècle on écrivait encore, et même dans des réponses à des remontrances de Parlement, que le Roi, comme seigneur a tout domaine dans ses états, et que le propriétaire possède par délégation du prince, les philosophes commençaient à dire, par une concession du droit civil ou du contrat social. Aujourd'hui la théorie revient à la mode, que toute propriété appartient à la Nation, même l'on propose parfois à la Nation de s'en emparer, et la Nation opère comme le suzerain aux temps les plus reculés de la primitive féodalité.

Mais laissons les raisonnements intéressés des modernes révolutionnaires, et remontons les âges : sans doute, la propriété a pu dériver de la conquête, de la distribution par le vainqueur, de la concession précaire par le souverain. Mais déjà il n'en est plus ainsi au xive siècle : la propriété privée s'est constituée définitive; censives, alleux, bénéfices ne sont plus que des souvenirs. Pourtant ne peut-on pas craindre encore? L'origine de la propriété ne pourrait-elle pas à la rigueur être contestée? Les confiscations sont-elles si rares ? La douloureuse expérience qu'en a faite l'ordre du Temple n'est-elle pas d'hier ? Il fait bon tout de même entendre le Roi reconnaître la possession et la propriété de ses sujets. C'est l'aveu que passe Louis X.

De la théorie même venons à des considérations plus simples. En fait, il eût été souvent difficile alors de prouver sa propriété : Des témoins ? Disparus. Des titres, des actes, des registres? Chose rare et périssable. La preuve, c'était le fait; la propriété, c'était la possession. Et le Roi consacre le fait; en s'inclinant devant la possession annale, il affirme, confirme et garantit le droit du propriétaire.

Du reste, il en allait toujours ainsi dans toutes les chartes de reconnaissance de privilèges et droits municipaux. La première assurance que se faisaient délivrer les collectivités par leurs seigneurs, c'était le respect de leur droit de propriété, et la consécration de la propriété édifiée sur la possession annale : *Sicut unusquisque tenebat in anno et die quo rex Henricus vivus fuit et mortuus, ita teneat,* disait la charte de Henri Plantagenet en faveur de la ville de Rouen. Les Normands du xive siècle étaient trop avisés pour ne pas stipuler les mêmes sécurités. Louis X s'exécute donc : possession vaut titre.

Si la possession sauvegarde provisoirement l'occupant, la prescription de quarante ans assure sa propriété et le dispense de la prouver autrement. Tel est le principe inscrit dans l'article 19. On vient de le dire, la preuve de l'origine de l'acquisition eût été souvent difficile : donc, comme partout, la Coutume normande validait l'effet de la prescription acquisitive ou libératoire. A noter en passant qu'elle ne connaissait pas la prescription

de dix et vingt ans, en usage ailleurs, et que le régime quadragénaire lui
était particulier (1). Donc, comme il garantit l'effet de la possession
annale, le Roi proclame aussi celui de la prescription de quarante ans,
c'est un à fortiori.

Louis X, qui s'interdit de contester aux Normands leurs propriétés légi-
times, leur reconnaît, à raison de leurs fiefs, le droit de varech et de choses
gaives ou vaives, que leur accorde la Coutume. C'est encore l'acceptation
d'une de leurs immunités, car le droit aux choses perdues et sans maître
n'a pas laissé que d'être attribué au souverain, mais en Normandie le propriétaire, *quilibet nobilis aut alius quicumque*, est souverain sur son fief
ou sa tenure, sauf l'hommage et ses redevances. (14.)

Au respect du droit de propriété se rattachent encore les stipulations des
dixième et onzième articles, *quod de cetero de nemoribus mortuis*, et,
quod si aliquis dicat sua nemora plantata fuisse ab antiquo. Le Roi
renonce à exercer le droit de tiers et danger sur le mort-bois. Et quant aux
autres bois, si ce droit est contesté sur le fondement de l'ancienneté de la
plantation, la solution du litige sera donnée par le bailli ou le maître des
eaux et forêts après enquête, sauf renvoi à l'Echiquier en cas de doute. On
trouve ici une nouvelle application des principes de la possession et de la
prescription.

Les droits de retrait féodal ou lignager sont également maintenus à l'en-
contre du Roi : le seigneur ou les parents pourront clamer contre lui les
héritages venus en sa main faute du paiement de ce dont ils sont tenus ou
pour toute autre cause, et ce suivant la Coutume. (20.)

Pour évaluer les biens ainsi échus au Roi, on procédera par année com-
mune de dix. (21.)

Enfin la Charte se termine par deux articles, dont l'un détermine la foi
qui doit être due à l'acte passé devant l'officier royal et scellé au sceau du
Roi; l'autre fixe l'exercice du retrait ou résolution au regard du détenteur.
(23 et 24.)

Telles sont les règles intéressant à des titres divers les questions de propriété.

Nous passons maintenant au régime des monnaies, corollaire de
la propriété, puisque leur stabilité est une condition essentielle de
la sécurité du commerce et du crédit. Et, comme si cette question fût
la plus grave des garanties de l'ordre public, c'est elle qui est inscrite,
en tête de la Charte, dans ses deux premiers articles. Alors des monnaies
étrangères, d'autres, frappées par des seigneurs, circulaient dans le
royaume. Les rois d'ailleurs ne se gênaient guère (et Philippe le Bel en
venait de donner de lamentables exemples) pour affaiblir et décrier les

---

(1) Les actions personnelles se prescrivaient en Normandie par trente ans.

espèces. C'était un moyen commode et fréquemment usité de se procurer des ressources, à tel point que, pour l'écarter, l'étrange usage s'était introduit de payer au souverain un impôt ou redevance spéciale pour lui tenir lieu du décri, c'était le droit de monnéage, ou fouage, établi par feu : moyennant le paiement de cette compensation, le roi s'abstenait d'altérer la monnaie. Or donc, Louis X fixe celle qui aura cours en Normandie : ne sont reçues que les monnaies tournois ou parisis, les gros tournois, les mailles blanches, le tout du poids et de la valeur qu'elles avaient au temps de son bisaïeul. Saint Louis en effet avait en la matière apporté un peu d'ordre et de sécurité, interdisant à tous barons et réservant pour lui seul le droit de battre monnaie, fixant les types et les cours d'une monnaie royale et de bon aloi. C'était le retour à cette législation. Enfin Louis X s'interdisait d'altérer la monnaie ainsi constituée, et même il abandonnait la contre-partie, le *monnéage*, renonçant à la perception des rentes qui *nous sont dues pour la monnaie non muer*. (1 et 2.)

A l'égard de l'impôt, quel était en Normandie le droit public ? L'impôt était-il volontaire et consenti par le peuple ? Ou bien le souverain pouvait-il frapper la province de par sa seule autorité ? Question variable suivant les temps, suivant les lieux, suivant les circonstances. En Normandie, à l'époque où se place la Charte, le peuple aurait bien eu la velléité de discuter l'impôt; mais comment l'eût-il fait ? Les Etats de la province n'étaient pas encore constitués et n'ont guère commencé à être réunis que sous l'occupation anglaise. En tout cas, la Charte est très nette; c'est au septième article : *in personis aut bonis..... tallias aut exactiones quascumque facere non possimus nec etiam debeamus nisi evidens utilitas vel urgens necessitas id exposcat*. Nous ne ferons aucune levée sans une évidente utilité ou une nécessité urgente.

C'est une bonne promesse, mais rien de plus. En ce temps donc le peuple ne consent pas l'impôt, il n'y a pas d'accord avec le souverain pour le légitimer ni le déterminer.

Farin rapporte qu'en l'an 1335, l'archevêque de Rouen et les évêques d'Avranches et Bayeux furent députés par la province auprès du Roi, Philippe de Valois, pour lui représenter la pauvreté de ses sujets, réduits à la misère par les impôts dont on les avait frappés, et qu'après la harangue des prélats, le Roi fit une promesse solennelle *de ne plus faire aucune levée de conséquence sur les marchandises ou autrement sans le consentement des trois Etats, l'Eglise, la noblesse, le peuple, qui auraient le droit de lui faire des remontrances*, et telle aurait été l'origine des Etats de Normandie (1). Vaine promesse, car les Etats ne paraissent pas s'être réunis, et les choses continuèrent comme par le passé.

(1) 1668, t. I, p. 317.

Le texte de la Charte aux Normands, parfaitement unilatéral sur ce point, se conserva jusqu'à Charles VII. Mais celui-ci y introduisit par son ordonnance de confirmation deux lignes d'une portée considérable, qui transformaient le droit public et instituaient le peuple maître de l'impôt et arbitre de son utilité. Après les mots cités tout à l'heure, *nisi evidens utilitas vel urgens necessitas id exposcat*, on ajoutait *et per conventionem et congregationem gentium trium statuum dicti ducatus sicut factum fuit et consuetum tempore retrolapso* (1).

Voilà certes une affirmation d'un droit ancien : comment donc aux chartes des précédents rois n'en est-il fait aucune mention ? Et puis les Etats n'existaient pas. A Philippe de Valois, les évêques n'avaient porté que des remontrances. Mais voilà qu'il parle de réunir et consulter les trois Etats du pays : or de la tenue de ces Etats, et à plus forte raison de leur participation à la formation de l'impôt, il ne sera pas question avant l'occupation anglaise ; et, dans sa confirmation, en 1380, Charles VI n'en soufflera pas mot. Arrivons à la conquête anglaise : des Etats qui se tinrent en ce temps il ne reste, dit M. de Beaurepaire, ni délibérations, ni discours de commissaires, mais seulement des mandements du Roi, de ses commissaires, des élus et autres, pour la répartition des charges, des rôles de paroisse (2), etc., toutes pièces qui ne permettent pas de distinguer la préparation mais seulement la perception de l'impôt. Or, sans compter toutes les levées imposées d'autorité, il semble bien probable que devant le vainqueur, les députés, quand ils étaient saisis, enregistraient plutôt qu'ils ne délibéraient. Aussi bien n'en fut-il pas ainsi après la paix, après le retour dans le giron de la patrie française ? Les procès-verbaux des Etats, les plus anciens tout au moins qui subsistent, le prouveront au xvie siècle, et les députés de 1578 pourront dire avec raison qu'il n'était tenu aucun compte de leurs droits.

Voyons donc, les cahiers des Etats en main, comment les choses se passaient : or de Charles IX, nous ne remontons pas plus haut, à Louis XIV, la manière est la même. Le Roi faisait connaître aux Etats le chiffre de la contribution qu'il réclamait de sa province. Quelquefois les députés déclaraient octroyer la demande; le plus souvent, presque toujours, ils présentaient leurs remontrances et signalaient, avec trop de raison d'ailleurs, les charges excessives dont le pays était accablé; les commissaires royaux inscrivaient leur avis. Puis le cahier était porté au Roi; celui-ci donnait la réponse, qui régulièrement était une promesse pour l'avenir, une fin de non recevoir pour le présent, et les Etats n'avaient plus qu'à renouveler

---

(1) Dom Lenoir (*La Normandie anciennement pays d'Etats*, p. 108), et M. de Beaurepaire (*Les Etats de Normandie sous le règne de Charles VII*), l'ont déjà signalé.
(2) *Les Etats de Normandie sous la domination anglaise*, Introduction.

leurs observations, et à obéir. En réalité, le Roi demandait aux Etats leur consentement à la levée de l'impôt, d'après le chiffre que la répartition générale avait affecté à la province, et il passait outre, malgré leur opposition, plus exactement malgré leur remontrance, en alléguant le besoin de l'Etat. Est-ce l'établissement de l'impôt à deux, cela ? Et il en fut ainsi jusqu'au jour où Louis XIV se dispensa même d'interroger les Etats de la province, réunis pour la dernière fois en 1655.

Evidemment donc, le peuple de Normandie n'était point en possession effective du privilège de consentir l'impôt.

Veut-on qu'après Charles VII, il ait été investi enfin de ce droit, associé au vote des subsides ? N'oublions pas que c'est de la *Charte aux Normands* que nous parlons, et que nous cherchons quelles libertés elle pouvait accorder à nos pères. Si Charles VII a ajouté, Louis XIV a retranché ; les siècles ont pu modifier les lois, mais le résultat est toujours resté le même en fait. Or la loi de 1315, la Charte de Louis X n'apportait aux Normands que l'espoir de la modération du Roi (article 7). C'est tout ce que le texte leur offrait, ils n'avaient rien à dire.

Comme exemple de cette modération, Louis X stipulait encore que les réquisitions en nature pour l'approvisionnement de ses troupes et autres ne seraient exercées que sur son ordre, et d'ailleurs prisée faite et prix payé au préalable, *pretium sic taxatum solvere antequam nummata permittantur deferre* (9).

Après la perception, l'emploi régulier : les deniers levés pour l'entretien des ponts ne pourront être détournés de cette destination, et le Roi, partout où la charge lui incombe, ne pourra s'en dispenser ni la faire reporter sur aucun de ses sujets (12 et 13). Si l'on demande pourquoi cet unique élément de la voirie est visé par la Charte, on peut répondre que l'entretien des chemins incombait aux riverains ou aux communautés d'habitants, mais non celle des ponts sur les fleuves et rivières, dont la seigneurie appartenait au roi, haut justicier, et ce d'ailleurs sauf exceptions et sauf péages possédés par des particuliers. On peut à ce propos remarquer que l'ancien Coutumier oublie de citer les ponts parmi les choses, lieux et passages sur lesquels le vicomte exerce ses attributions de police : *officium autem est placita tenere, vias antiquas et semitas et limites aperire, aquas videlicet transmotas ad cursum debitum reducere*, etc., et au Coutumier français : *L'office au viconte est qu'il tienne les plets et qu'il face tenir en droit poinct les anciennes voyes, les sentes et les chemins et qu'il face revenir les eaues en leur ancien cours qui sont remuees contre droict* (1) : rien

(1) L'office au vicomte.

des ponts. Mais l'omission sera réparée dans la nouvelle Coutume, lors de la réforme de 1583 (1). Les Normands avisés devancent celle-ci, trois siècles plus tôt.

A côté des obligations fiscales, la Charte s'explique sur les obligations militaires. Les services de cette nature dus par nobles, non nobles ou seigneurs de fiefs, étant exactement accomplis, les débiteurs seront libérés sans qu'il puisse leur être rien demandé au-delà, soit réellement, soit en argent, à la réserve toutefois de l'arrière-ban. (3 et 4.)

Nous passons maintenant à la justice. Un des abus les plus fréquents sous l'ancien régime, en même temps que l'un des plus onéreux, fut bien celui des évocations : évocations d'autorité, dans le seul intérêt de la couronne, évocations obtenues par faveur, par surprise souvent, dans un intérêt privé, évocation par privilège de committimus : l'on n'était jamais certain de n'être point distrait de son juge naturel. La Charte prohibe cette violation de l'ordre des juridictions. (18 et 22.)

Elle prend aussi la peine de défendre les justiciables contre l'âpreté des avocats : dans les grandes causes, *pro majori causa*, que leur salaire ne puisse dépasser trente livres tournois, et que dans les moindres celui-ci soit arbitré par le juge suivant l'usage du lieu, la difficulté du procès, les ressources du plaideur, la peine et le talent de l'avocat, *secundum possibilitatem clientuli et industriam advocati*. (17.) Un statut sur ce point, un peu accessoire, semblerait en dire long sur les mœurs judiciaires du temps.

Quant aux officiers royaux de tout ordre, toujours il a fallu refréner leurs excès : la Charte n'y manque pas. Ils s'acquitteront eux-mêmes de leurs offices, prescrit-elle, sans pouvoir les déléguer ou affermer (8), et des inspecteurs royaux parcourront le pays pour réprimer leurs abus. (15.)

Enfin en matière criminelle, la torture, grande consolation ! sera employée comme moyen d'instruction avec modération ; elle ne sera appliquée que s'il y a présomption de crime capital, et les tourments ne devront jamais être tels qu'il puisse s'ensuivre la mort ou la perte de l'usage d'un membre. (16.)

Tels sont les principes, supérieurs et d'importance capitale sans doute, mais peu nombreux, il faut l'avouer, que proclamait la *Charte aux Normands*. On peut, en négligeant quelques articles accessoires, les résumer ainsi : garantie de la propriété, stabilité et bon aloi de la monnaie, promesse d'impôts modérés, substitution des réquisitions régulières au système de la main mise des gens de guerre, stricte observation des obligations militaires, et, en matière judiciaire, interdiction des évocations, modération de la torture, et surveillance exercée sur tous officiers royaux.

(1) Article 9.

C'était quelque chose, c'était beaucoup sans doute, au début du xive siècle, mais l'on avouera que c'est insuffisant pour constituer un code des droits et immunités d'un peuple, une loi constitutionnelle. La liberté des biens et des terres, celle de la juridiction naturelle y sont bien écrites, mais la liberté des personnes, celle des impôts, celle des lois et coutumes, celle des villes et communautés d'habitants, la Charte de 1315 n'en dit rien.

www.ingramcontent.com/pod-product-compliance
Lightning Source LLC
Chambersburg PA
CBHW061900080726
47597CB00010BA/4331